TOUT SAVOIR SUR

LE FOX TERRIER A POIL LISSE

II

TOUT SAVOIR SUR LE FOX TERRIER A POIL LISSE

Mon Ami Le Chien

Saphira Eiger

Publié par

Nature & Santé

Sommaire

FICHE D'IDENTITÉ

NOM OFFICIEL :	Smooth Fox Terrier

AUTRES NOMS :	Fox Terrier à Poil Court

PAYS D'ORIGINE :	Royaume-Uni

CLASSIFICATION :

Groupe :	3 — Terriers

Section :	1 — Terriers de grande et moyenne taille

CARACTÉRISTIQUES :

Taille de la femelle :	36 à 38 cm

Poids de la femelle :	7 à 8,5 kg

Taille du mâle :	37 à 39 cm

Poids du mâle :	7.5 à 9 kg

Longévité :   De 12 à 15 ans

FCI: 1963

AKC :   1885

KC :   1876

UKC :   1912

La Fédération Cynologique Internationale (**FCI**) est une organisation internationale basée en Belgique, comptant comme membres les institutions nationales de 98 pays. C'est, de loin, l'association canine la plus importante au niveau mondial.

L'American Kennel Club (**AKC**) est la principale association canine des États-Unis, et le seul registre gratuit du pays. Non affiliée à la FCI, elle a cependant une portée internationale.

The Kennel Club (**KC**) est l'association canine officielle du Royaume-Uni et c'est aussi la plus ancienne (elle fut créée en 1873). Peu influente sur le plan international, son histoire et son prestige font qu'elle est cependant très respectée.

L'United Kennel Club (**UKC**) est un registre canin basé aux États-Unis important en Amérique du Nord, mais peu suivi dans le reste du monde.

SES ORIGINES

Il n'y a pas de consensus général sur l'origine du Fox Terrier à Poil Lisse. Il est avéré qu'il est originaire d'Angleterre et existait déjà à la fin du 18ème siècle, comme l'atteste une peinture faite par le général Thornton représentant son chien Pitch, mais son histoire exacte est inconnue.

Dès le Moyen Âge, la chasse au renard était l'une des activités favorites de la noblesse britannique, et les chiens y jouaient un rôle important. Les terriers y avaient souvent un statut à part des autres chiens : ils ne couraient pas avec le reste de la meute, généralement constituée de Foxhounds. Ils voyageaient souvent dans une sacoche attachée au cheval de leur maître, puis étaient libérés pour aller débusquer les renards qui s'étaient réfugiés sous terre.

En outre, dans les moments où ils ne chassaient pas, les ancêtres du Fox Terrier à Poil Lisse continuaient à se rendre utiles, en éliminant les rats, souris et autres petits animaux qui s'attaquaient aux provisions.

Ces chiens étaient de couleur sombre (noir ou noir et feu), mais divers croisements avec le Vieux Terrier Anglais Blanc (une race aujourd'hui disparue), le Beagle et le Bull Terrier leur donnèrent leur apparence moderne, introduisant notamment la couleur blanche, aujourd'hui prédominante. Celle-ci fut en effet rapidement privilégiée par les chasseurs, car elle leur permettait de distinguer plus facilement leur animal.

Officiellement, le premier Fox Terrier à Poil Lisse fut présenté en 1862 à une exposition canine tenue à Londres. L'année suivante, en 1863, 3 spécimens se firent connaître au cours d'une autre exposition canine qui se tint cette fois à Birmingham : Old Jock, Old Tartar et Old Trap. Ils furent essentiels au développement de la race, et de nombreux individus existant actuellement en sont des descendants directs.

Dès 1870, une séparation nette fut opérée au Royaume-Uni entre le Fox Terrier à Poil Lisse (Smooth) et celui à Poil Dur (Wire), qui furent dès lors considérés comme deux races distinctes ne pouvant plus être croisées l'une avec l'autre. Leur succès fut fulgurant, comme en atteste par exemple la présence de pas moins de 276 représentants des deux races combinées lors d'une exposition à Birmingham en 1873. Trois ans plus tard, en 1876, le Fox Terrier Club of

England fut établi, qui rédigea le premier standard pour les deux races. Dès le début du 20ème siècle, le Fox Terrier était devenu le chien le plus populaire du pays.

Entretemps, il avait déjà traversé l'Atlantique et obtenu la reconnaissance de l'American Kennel Club (AKC) en 1885, avant que le l'United Kennel Club (UKC) n'en fasse de même en 1912. Toutefois, contrairement à ce qui se faisait en Grande-Bretagne, ces deux organisations attendirent la fin du 20ème siècle (1985 pour l'AKC et 1999 pour l'UKC) pour considérer le Poil Lisse et le Poil Dur comme deux races distinctes, autorisant donc jusqu'à cette date les croisements entre les deux races.

Au cours du 20ème siècle, le Fox Terrier se fit connaître un peu partout comme chien de compagnie grâce notamment à ses exploits au cinéma et dans la littérature, apparaissant dans divers films, livres ou bandes dessinées. Selon les époques et les pays, c'était soit le Poil Dur soit le Poil Lisse qui prit les devants, mais globalement les deux races ont su séduire le monde entier.

Le Fox Terrier à Poil Lisse fut reconnu comme race distincte par la Fédération Cynologique Internationale (FCI) en 1963, soit 8 ans après le Fox Terrier à Poil Dur. Il est aujourd'hui accepté par toutes les grandes organisations canines internationales, y compris bien sûr le Club Canin Canadien (CCC).

SON APPARENCE

Le Fox Terrier à Poil Lisse est un chien de petite taille, qui dégage puissance et vivacité. Hormis en ce qui concerne son pelage mis à part, son apparence est identique à celle du Fox Terrier à Poil Dur.

Son corps est aussi long que haut, bien charpenté et doté d'une musculature développée. Les pattes sont musclées et se terminent par des petits pieds ronds, aux coussinets durs. La queue, positionnée haut, est droite et relevée, mais jamais sur le dos. Il était habituel autrefois de la couper, mais cette pratique est désormais interdite dans de nombreux territoires (dont la France, la Belgique, la Suisse et le Canada) et donc devenue rare, même si elle est encore acceptée par les standards.

Sa tête est bien proportionnée, avec un crâne d'une longueur équivalente à celle du museau et un stop peu marqué pour les séparer. Les oreilles sont en forme de triangle, de petite taille et portées semi-pliées, la pointe retombant vers l'avant. Les yeux sont de couleur foncée, ronds et relativement petits. La truffe est bien noire et domine des mâchoires puissantes qui s'articulent en ciseau.

Le pelage du Fox Terrier à Poil Lisse est double, avec d'une part un sous-poil doux et court, et d'autre part un poil de couverture abondant, parfaitement lisse et droit. Ce dernier est plaqué le long de la peau et présent sur tout le corps, y compris au niveau du ventre.

La robe peut être blanc uni, mais est le plus souvent blanche avec des marques de couleur. Celles-ci peuvent être noires, fauves, ou bien noires et fauves, mais en aucun cas bringées, rouges, ou marron.

Enfin, le dimorphisme sexuel n'est que très peu marqué chez cette race : même si les premiers sont un peu plus grands, le gabarit des mâles et des femelles est très proche.

VARIÉTÉS

Le Fox Terrier à Poil Lisse et le Fox Terrier à Poil Dur ont une origine commune, mais se sont développés de manière relativement parallèle. En Europe, les deux races ont été distinguées dès 1870, et ne purent dès lors pas se reproduire ensemble.

En revanche, aux États-Unis, il fallut attendre plus d'un siècle, et les années 80-90, pour que l'American Kennel Club (AKC) et l'UKC (United Kennel Club), les deux organismes de référence du pays, les considèrent à leur tour comme deux races distinctes plutôt que comme deux variétés d'une même race, et interdisent eux aussi les croisements.

Il faut dire que l'approche américaine n'était pas sans fondement, tant ces deux chiens sont proches, aussi bien en termes de tempérament que d'apparence. De fait, la seule réelle différence qui les distingue est leur pelage : droit et aplati pour l'un, rêche et très dur pour l'autre.

L'AKC, l'UKC et le Club Canin Canadien reconnaissent une troisième race de Fox Terrier de petite taille, ne dépassant pas les 30 cm et pesant de 3 à 4 kg : le Toy Fox Terrier. Il est le résultat de croisements réalisés au cours du

20ème siècle avec des Chihuahuas et des Petits Lévriers Italiens. Bien que les statistiques de l'AKC montrent qu'il est plus populaire aux États-Unis que le Fox Terrier à Poil Lisse, la majorité des organisations canines situées en dehors de l'Amérique du Nord ne le reconnaissent pas.

SON CARACTÈRE

Le Fox Terrier à Poil Lisse a un tempérament similaire à celui de son cousin le Fox Terrier à Poil Dur. C'est une petite boule d'énergie et de bonne humeur, qui est incroyablement attachée à sa famille. Il se fait un plaisir d'aller courir avec Madame, d'offrir son assistance à Monsieur qui monte une étagère, ou encore de jouer avec les enfants sur le tapis du salon. Il n'est en revanche pas très tolérant en cas de mauvais traitement, et n'hésite pas à faire savoir son mécontentement si un enfant lui tire la queue ou le brusque d'une quelconque manière. Pour éviter tout accident, les interactions avec un jeune enfant doivent se faire sous la supervision d'un adulte — cela vaut d'ailleurs pour n'importe quel chien, quelle que soit sa race.

Malgré son dévouement à sa famille, le Fox Terrier à Poil Lisse peut se montrer un peu têtu et chercher à imposer sa volonté. Ceci peut causer des problèmes si son maître ne sait pas affirmer son autorité. En contrepartie, il est assez indépendant et tout à fait capable de s'occuper lorsqu'il est seul à la maison pendant la journée. Il faut toutefois savoir que, s'il n'est pas suffisamment sorti ou n'a pas de jouets à disposition pour l'aider à passer le temps, sa manière de se divertir a de fortes chances de consister à creuser des trous, que ce soit dans le jardin ou dans le canapé du salon.

Par ailleurs, le fait qu'il puisse rester seul ne signifie pas que c'est un chien misanthrope. Au contraire, il est à son aise dans des endroits peuplés d'inconnus, que ceux-ci soient des personnes ou des chiens. Il faut dire que, sûr de lui malgré sa petite taille, il n'est intimidé par aucun de ses congénères. Selon son humeur, il peut tenir tête à un Rottweiler dans un concours de grondements, ou jouer avec un Chihuaha. En tout cas, il n'a aucun problème à partager son foyer avec un autre chien.

On ne peut pas en dire autant en ce qui concerne un représentant d'une autre espèce. Qu'il soit question de chats, de rongeurs ou d'oiseaux, c'est son instinct de chasse qui dicte ses relations avec les autres animaux : tous sont considérés comme autant de proies potentielles et pourchassés sans relâche. Même s'il le côtoie dès son plus jeune âge, une cohabitation avec un de ces animaux aurait donc toutes les chances de virer au drame familial à plus ou moins brève échéance.

Cet instinct de prédation extrêmement développé implique également que ce chien doit être systématiquement tenu en laisse lors des promenades, pour éviter qu'il ne puisse se lancer à la poursuite de tous les petits animaux qu'il croise. Qu'il s'en prenne par exemple au chat du voisin ou traverse la rue sans regarder pour se ruer sur une bête qui passe par là, les conséquences peuvent être très graves. Promener un Fox Terrier à Poil Lisse sans laisse est une erreur que son maître répète rarement deux fois.

Même si elles doivent donc se dérouler impérativement en laisse, les promenades n'en restent pas moins indispensables. En effet, le Smooth Fox Terrier est extrêmement actif, et a besoin de se dépenser au minimum 45 minutes par jour pour être bien dans ses pattes et dans sa tête. Si son maître est en mesure de lui offrir davantage, c'est même encore mieux, car il est endurant et se fait un plaisir par exemple de l'accompagner lors d'une session de course à pied (en n'oubliant pas la laisse !).

Il peut néanmoins vivre en appartement, dès lors qu'il a la possibilité de se dépenser suffisamment. Une maison avec un jardin dans lequel il peut gambader à sa guise est toutefois nettement plus idéale, mais il faut s'assurer que la clôture est suffisamment profonde pour qu'il ne puisse creuser dessous, et assez haute pour l'empêcher de la franchir d'un bond. En effet, si ce n'est pas son instinct de chasse qui le pousse à explorer, c'est sa curiosité qui le fait. Par ailleurs, quand bien même il a un vaste et beau jardin à sa disposition, il ne saurait y être laissé isolé des siens : il doit pouvoir rentrer à l'intérieur pour passer du temps avec sa famille.

Sa curiosité explique aussi qu'en plus de varier les lieux de promenades, il peut être bon de diversifier les activités. C'est d'autant plus vrai que son intelligence et son entrain lui permettent d'assimiler bien des choses, qu'il s'agisse de tours ou de la pratique de sports canins. L'agility et le flyball, par exemple, constituent d'excellents moyens pour lui de se dépenser aussi bien physiquement que mentalement.

Enfin, le Fox Terrier à Poil Lisse est assez vocal, mais aboie surtout pour signaler la présence d'un inconnu (homme, chien mais aussi petit animal), ce qui en fait un chien d'alerte efficace.

SA SANTÉ

Le Fox Terrier à Poil Lisse est un chien robuste, qui jouit en général d'une bonne santé. De nombreux représentants de la race dépassent d'ailleurs allègrement les 15 ans.

Son poil double le protège admirablement bien des conditions extérieures, et il ne craint ni le chaud, ni le froid, ni la pluie. Il s'adapte donc parfaitement à la plupart des climats, mais certaines précautions de bon sens doivent être respectées. Par exemple, il ne serait guère judicieux de le faire dormir dehors lorsqu'il gèle, rester des journées entières sous la pluie ou courir au soleil en pleine canicule. Il doit évidemment avoir un endroit abrité où passer la nuit (idéalement, l'intérieur de la maison), et pouvoir se reposer au frais lorsque les températures sont élevées.

Par ailleurs, malgré sa bonne santé générale, le Fox Terrier à Poil Lisse est comme toute race particulièrement sujet à certaines maladies :

- la luxation patellaire, qui est souvent due à une prédisposition génétique et intervient lorsque la rotule sort de son emplacement, bloquant ainsi le genou. Cela entraîne des boitements plus ou moins prononcés ;

- la maladie de Legg-Calve-Perthes, une nécrose de la tête du fémur qui engendre des douleurs et une perte de mobilité de la patte touchée. Elle peut avoir une origine héréditaire ;

- divers problèmes cardiaques congénitaux, qui peuvent être responsables du décès prématuré du chien ;

- la myasthénie grave, une maladie héréditaire qui correspond à un problème de transmission entre les nerfs et les muscles. En plus d'une grande faiblesse, elle peut entraîner des difficultés d'alimentation ;

- la surdité congénitale, qui peut affecter tous les chiens de couleur blanche. Elle semble toutefois moins présente que chez d'autres races ;

- l'épilepsie, une maladie neurologique parfois héréditaire, qui est à l'origine de crises convulsives parfois impressionnantes. Leur fréquence et leur intensité peuvent être réduites à l'aide de médicaments, permettant ainsi à l'animal de mener une existence quasi normale ;

- la cataracte, qui correspond à la formation d'un film opaque sur la rétine. À moins d'une intervention chirurgicale, elle implique une diminution progressive de la vue, jusqu'à la cécité totale. Là aussi, la transmission héréditaire est une des causes possibles de la maladie ;

- la distichiasis, une implantation anormale des cils qui abiment alors la cornée, peut elle aussi être opérée.

Selon une étude réalisée en 2004 par le Kennel Club et la British Small Animal Veterinary Association, la principale cause de mortalité chez le Fox Terrier est la vieillesse, devant le cancer et les accidents. Ces trois facteurs sont responsables de près des deux tiers des décès : même si la liste des maladies à laquelle la race est prédisposée peut sembler impressionnante, cela confirme que ses représentants n'en sont que rarement victimes, et que la plupart vivent longtemps et en bonne santé.

Il n'en reste pas moins vrai qu'une bonne partie des affections auxquelles la race est prédisposée sont souvent d'origine héréditaire. Pour augmenter les chances d'adopter un chiot non seulement parfaitement socialisé, mais aussi et surtout en parfaite santé et qui a toutes les chances de le rester, il est donc primordial de se tourner vers un éleveur de Fox Terrier à Poil Lisse rigoureux, en particulier quant à la sélection de ses reproducteurs. Il doit être en mesure de fournir les résultats des tests génétiques effectués sur les parents ou le petit en vue d'écarter tout risque de transmission d'une maladie héréditaire, en plus de présenter un certificat de bonne santé établi par un vétérinaire. Il convient aussi de s'assurer que le chiot a bien reçu tous les vaccins nécessaires, qui doivent avoir été consignés dans son carnet de santé ou de vaccination.

Toutefois, adopter un chiot en bonne santé est d'un intérêt limité si l'on n'en prend pas soin par la suite. En particulier, tant qu'il n'a pas atteint son âge adulte, il ne faut pas oublier que ce petit chien a besoin de beaucoup de repos, mais surtout qu'il est encore fragile. Il convient donc d'éviter à tout prix qu'il force sur ses os et ses articulations pendant toute sa période de croissance, au risque de provoquer des lésions irréversibles.

Enfin, toute sa vie durant, il est nécessaire de renouveler ses traitements antiparasitaires chaque fois que cela est nécessaire, et de l'emmener chez le vétérinaire au minimum une fois par an pour un examen de santé complet. Ce dernier peut permettre de détecter au plus tôt un éventuel problème, et peut aussi être l'occasion d'effectuer ses rappels de vaccins, pour que là aussi il ne cesse jamais d'être protégé.

SA POPULARITÉ DANS LE MONDE

Le Fox Terrier à Poil Lisse est assez commun dans son pays d'origine, la Grande-Bretagne, où le KC comptabilisa dans les années 2010 entre 100 et 150 enregistrements par an. Néanmoins, cela traduit un recul par rapport au milieu des années 2000, où ce chiffre était plus proche de 200. En outre, le Fox Terrier à Poil Lisse y est également distancé par son pendant à Poil Dur, dont 500 à 600 représentants sont enregistrés chaque année.

En revanche, le Fox terrier à Poil Lisse jouit d'une certaine popularité en France, avec environ 300 enregistrements par an au Livre des Origines

Français (LOF) — contre 500 pour le Fox terrier à Poil Dur. Toutefois, là encore, sa popularité est en baisse, après avoir connu des pics à plus de 600 naissances par an dans la seconde moitié des années 2000. Ses chiffres actuels sont également en deçà des 450 à 500 naissances annuelles qui étaient la norme dans les années 70, 80 et 90, au cours desquelles il fit montre d'ailleurs d'une remarquable stabilité.

Ce chien reste assez peu répandu en Amérique du Nord. C'est particulièrement le cas au Canada, où on ne compte qu'une poignée d'éleveurs. Aux États-Unis, les statistiques d'enregistrements annuels auprès de l'AKC le placent aux alentours de la 120ème position (sur près de 200) au classement des races de chien les plus populaires dans le pays, soit une vingtaine de positions après son compère à Poil Dur. Il est en recul régulier depuis le début du 21ème siècle, lorsqu'il se situait plutôt vers la 90ème place.

SES DIFFÉRENTS USAGES

Aux 18ème et 19ème siècles, et potentiellement même dès son apparition, le Fox Terrier à Poil Lisse servait le plus souvent dans la chasse au renard, où il était généralement associé au Foxhound Anglais. Sa mission était de débusquer de leur terrier ceux qui y avaient trouvé refuge, en collaboration avec les Foxhounds qui eux se chargeaient de les pourchasser. C'est d'ailleurs cet usage historique qui lui vaut son nom, puisque « Fox » signifie « renard » en anglais.

Il assumait cependant d'autres tâches, et pouvait aussi par exemple ramener du gibier à poil (essentiellement des lapins) ou protéger les réserves de provisions contre les rongeurs.

Seuls quelques rares nostalgiques préfèrent encore ce chien aux autres races de chien de chasse, et le monde moderne a d'autres méthodes plus efficaces pour éliminer les rats qui s'attaquent au grain. Il s'illustre donc aujourd'hui de manières différentes à celles de ses débuts.

En particulier, son intelligence et son endurance sont aujourd'hui plus souvent admirées lors des concours de sports canins, où il brille souvent en agility, en obéissance ou encore en flyball.

Il est également bien présent dans les expositions canines, et ce depuis plus d'un siècle et demi. En effet, sa première apparition sur les podiums des expositions canines remonte à 1862, et il n'en est plus vraiment descendu depuis : il fait partie des races les plus communes dans ce genre d'évènements, et son succès ne se dément pas.

Il a aussi fait montre d'une grande polyvalence tout au long du 20ème siècle, utilisé notamment comme bête de cirque, acteur, chien d'explorateur, chien de thérapie ou « nez » pour la police.

Néanmoins, le rôle dans lequel on le retrouve le plus souvent est tout simplement celui de chien de compagnie. Dévoué, vif et dynamique, il représente un choix idéal pour une famille souhaitant avoir un compagnon pour se distraire, ou une personne active à la recherche d'un partenaire pour faire du sport. De fait, il est autant à son aise lors de longues sorties à pied qu'installé paisiblement sur le canapé aux côtés de son propriétaire, dès lors bien sûr qu'en parallèle il est en mesure de se dépenser autant qu'il en a besoin.

Enfin, si sa petite taille le discrédite comme gardien, il est toujours aux aguets et donne de la voix quand quelqu'un s'approche, se rendant donc au moins utile comme chien d'alerte.

ÉDUQUER SON FOX TERRIER A POIL LISSE

Tous les chiens tirent profit d'une socialisation entamée dès le plus jeune âge, et le Fox Terrier à Poil Lisse n'est pas une exception. Il gagne à rencontrer dès son plus jeune âge un grand nombre de personnes et de congénères, à vivre de nombreuses expériences différentes dans des environnements variés (déplacement en voiture, en bus, promenade dans la rue, dans un parc…), et à être exposé à tous types de stimuli (bruits, odeurs, etc.). Tout ceci contribue à en faire un adulte équilibré, capable d'évoluer sereinement parmi les humains.

Par ailleurs, il doit assimiler rapidement quelle est sa place dans le foyer, et comprendre qu'il se situe en bas de la hiérarchie familiale. En effet, sa nature dominante fait qu'il pourrait vouloir imposer sa volonté s'il n'apprend pas à respecter l'autorité de ses maîtres.

Un novice hésitant peut vite se retrouver dépassé et s'arracher les cheveux avec cette race. En revanche, s'il arrive à se faire respecter, même un maître débutant peut éduquer un Fox Terrier à Poil Lisse de manière assez fluide, et parvenir à d'excellents résultats. En s'armant de patience, de bonne humeur et de quelques friandises pour au besoin vaincre les éventuelles réticences, il est possible par exemple de lui enseigner de nombreux tours, mais aussi d'en faire un champion dans les concours d'agility, d'obéissance, ou de flyball.

Cela dit, avant d'envisager de passer à des choses plus poussées, apprendre la marche en laisse à son chien est une des premières priorités dans l'éducation d'un Fox Terrier à Poil Lisse. En effet, comme son instinct de prédation est profondément ancré en lui, il risque fort de poursuivre tout ce qui bouge si la possibilité lui en est offerte. Pour éviter les accidents, mieux vaut donc le tenir systématiquement en laisse lors des sorties en dehors de la maison et du jardin, et l'y habituer donc dès son plus jeune âge.

Par ailleurs, le propriétaire d'un Smooth Fox Terrier découvre généralement assez vite que son compagnon aime creuser, en particulier lorsqu'il s'ennuie. Pour éviter que le jardin ne finisse par ressembler à un champ de bataille de la Première Guerre Mondiale, il peut donc être utile de canaliser cette propension à faire des trous. S'il apprend dès son plus jeune âge à ne creuser que dans le bac à sable ou dans un endroit bien délimité et réservé à cet effet, le reste du jardin devrait survivre à ses velléités de chasseur de trésor.

Quoi qu'il en soit, un des secrets pour réussir l'éducation de son chien est d'opter pour des séances nombreuses mais brèves. Ainsi, il n'a pas le temps de commencer à s'ennuyer, et attend avec impatience la session suivante. Par ailleurs, des instructions cohérentes sont le meilleur moyen qu'il soit au clair sur ce qu'on attend de lui : les règles et les consignes doivent être constantes dans le temps, et les mêmes d'une personne à l'autre de la famille.

NOURRIR SON FOX TERRIER A POIL LISSE

Nourrir un Fox Terrier à Poil Lisse ne présente pas de difficulté particulière ; des aliments industriels pour chiens du commerce sont une excellente solution. Il faut simplement veiller à opter pour des produits de bonne qualité, en mesure de lui apporter tous les nutriments et vitamines nécessaires. Son alimentation doit aussi être adaptée à son âge, à sa taille et à son niveau d'activité.

Par ailleurs, comme tout chien, il est conseillé de lui servir sa ration quotidienne en au moins deux repas séparés.

Plein d'énergie et très actif, ce chien n'est généralement pas sujet à l'obésité. Cela peut néanmoins arriver, notamment s'il reçoit trop de friandises lors de ses sessions d'entraînement ou qu'il n'a pas la possibilité de se dépenser autant qu'il le faudrait. Les individus stérilisés sont plus particulièrement à risque. Mieux vaut donc prendre l'habitude de surveiller régulièrement son poids, en le pesant tous les mois. Si la balance indique lors de plusieurs mesures successives une variation importante, il est nécessaire de faire examiner l'animal par un vétérinaire. En effet, seul un professionnel peut déterminer de manière totalement fiable l'origine du problème, qui peut ne pas être liée à l'alimentation (maladie, réaction à un traitement…), et indiquer la marche à suivre pour y remédier.

Enfin, comme tout chien, le Fox Terrier à Poil Lisse doit avoir systématiquement à sa

disposition une gamelle d'eau fraîche afin de
boire à sa guise.

43

PRENDRE SOIN DE SON FOX TERRIER A POIL LISSE

Le Fox Terrier à Poil Lisse est un chien plutôt facile d'entretien.

C'est vrai en particulier pour son pelage, qu'un brossage hebdomadaire est suffisant pour conserver en bonne santé. Les choses changent toutefois au printemps et à l'automne, lorsqu'il mue : il perd alors abondamment ses poils, et le brosser alors tous les jours est nécessaire pour faire face au surplus de poils morts.

Comme son pelage reste généralement propre et n'a pas d'odeur spécifique, un bain n'est que rarement nécessaire. À moins bien sûr qu'il ne se soit particulièrement sali, le faire une ou deux fois par an s'avère suffisant, en veillant à toujours utiliser un shampooing prévu spécifiquement pour les chiens, car le pH de leur peau n'est pas le même que celui de la peau des humains. Il peut être judicieux de faire coïncider ses bains avec ses périodes de mue, de manière à faciliter l'élimination des poils morts.

Par ailleurs, la séance de toilettage hebdomadaire est l'occasion de nettoyer ses oreilles avec un chiffon, pour éviter l'accumulation de cire et de débris, qui pourrait être à l'origine d'infections.

Il convient par la même occasion d'examiner ses yeux et d'en frotter doucement le bord avec un tissu légèrement humide, afin là aussi d'enlever toute trace de saleté.

Quant au risque de mauvaise haleine ou de problèmes bucco-dentaires aux conséquences parfois graves, il peut être fortement réduit grâce à un bon travail d'entretien des dents du chien. Les brosser une fois par semaine (en prenant soin d'utiliser un dentifrice conçu pour la gent canine) devrait être un minimum, et l'idéal est de le faire davantage — voire tous les jours.

En fonction du niveau d'activité du chien, il peut aussi être nécessaire de couper manuellement ses griffes plus ou moins régulièrement, dès lors que l'usure naturelle ne suffit pas. A défaut, elles pourraient le gêner ou se casser, voire le blesser. Il est bon de vérifier tous les mois ce qu'il en est, ou de prêter l'oreille lorsqu'il marche sur un sol dur : un bruit de cliquetis indique qu'elles sont devenues trop longues et doivent être coupées.

Pour savoir entretenir son animal au mieux et notamment employer les bons gestes sans risquer de lui faire mal voire le blesser, il est conseillé de faire appel la première fois aux services d'un toiletteur professionnel ou d'un vétérinaire, afin d'apprendre auprès d'un expert. Mieux vaut d'ailleurs s'en occuper rapidement : plus le chien est habitué tôt à se laisser manipuler, plus on a de chances que les séances d'entretien se déroulent bien tout au long de sa vie, voire devienne de véritables moments de complicité partagée, plutôt qu'une corvée à laquelle les deux protagonistes préféreraient échapper.

COUT D'UN FOX TERRIER A POIL LISSE

Le prix d'un chiot Fox Terrier à Poil Lisse se situe en moyenne aux alentours de 850 euros, mais peut varier entre 600 euros et 1200 euros d'un individu à l'autre.

Au Canada, il faut compter en moyenne autour de 1400 dollars canadiens. Toutefois, les éleveurs de Fox Terrier à Poil Lisse y sont extrêmement peu nombreux : non seulement le choix est limité, mais en plus un délai d'attente conséquent peut être nécessaire. L'adoption aux États-Unis est bien entendu possible (comptez environ 1200 dollars américains), mais il faut alors rajouter les frais d'importation et de transport, et s'assurer que tous les documents sont en règle pour pouvoir ramener le chiot au Canada.

Comme pour toute race, les différences de prix sont dues essentiellement à trois facteurs. En premier lieu, la réputation de l'éleveur, liée à la qualité de son travail et aux éventuelles distinctions obtenues, entre évidemment en ligne de compte. Le prestige des parents et des grands-parents joue également un rôle important : un chiot issu d'une lignée de champions a une plus grande valeur. Enfin, les caractéristiques individuelles de l'individu sont bien sûr déterminantes, et expliquent pourquoi des écarts parfois importants peuvent exister au sein d'une même portée. Plus un chiot est proche du standard et a un tempérament idéal, plus sa valeur grimpe.

QUELQUES FOX TERRIER A POIL LISSE CÉLÈBRES

De même que son compère à Poil Dur, le Fox Terrier à Poil Lisse est devenu une icône du 20ème siècle :

- Nipper, un Fox Terrier à Poil Lisse, devint célèbre grâce à une photo de la fin du 19ème siècle qui le représente observant attentivement un phonographe. En effet, elle devint le logo de l'entreprise RCA Victor, un label musical appartenant aujourd'hui à Sony.

- Warren Remedy, un Fox Terrier à Poil Lisse, est le seul chien à avoir été couronné trois fois lors du célèbre Westminster

Kennel Club Dog Show, qui se tient chaque année au Madison Square Garden de New York et est une des plus prestigieuses expositions canines mondiales. Il remporta trois titres d'affilés, de 1907 à 1909.

- L'amiral Richard Evelyn Byrd Jr (1888-1957), célèbre pour ses explorations de l'Antarctique, fut accompagné dans ses voyages par Igloo, son fidèle Fox Terrier à Poil Lisse.

- Sir Marc Aurel Stein (1862-1943), un archéologue réputé pour ses découvertes en Asie Centrale et en Chine, ne partait jamais sans Dash, son inséparable compagnon. En réalité, sous ce nom se succédèrent pas moins de 6 chiens, tous des Fox Terriers à Poil Lisse.

LE STANDARD DU FOX TERRIER A POIL LISSE

STANDARD FCI NUMÉRO :   12

DATE DE PUBLICATION :   07/02/17

ASPECT GENERAL :

Actif et plein d'entrain. De l'ossature et de la force en un petit volume. Jamais lourdaud ni grossier dans ses formes. Ni trop haut ni trop court sur pattes. En station debout, le fox-terrier ressemble à un cheval de chasse (hunter) bien construit, au dos court et couvrant beaucoup de terrain.

Actif, vif dans ses mouvements, dressé en alerte. Amical, sociable et intrépide.

TETE

REGION CRANIENNE :

Crâne : Plat, modérément étroit ; sa largeur diminue graduellement vers les yeux.

Stop: Léger. Très peu visible.

REGION FACIALE :

Truffe (nez) : Noire.

Museau : Les mâchoires supérieures et inférieures sont fortes et musclées et le museau ne tombe que légèrement sous les yeux. Cette partie du museau est modérément ciselée, de sorte qu'elle ne descend pas en ligne droite à la façon d'un coin.

Mâchoires/dents : Les mâchoires sont fortes et présentent un articulé en ciseaux parfait, régulier et complet, c'est-à-dire que les incisives supérieures recouvrent les inférieures dans un contact étroit et sont implantées d'équerre par rapport aux mâchoires.

Joues : Jamais pleines.

Foncés, modérément petits assez profondément enfoncés dans l'orbite, de forme aussi arrondie que possible, mais pas proéminents. Expression vive et intelligente.

Petites, en forme de V, elles retombent vers l'avant tout contre les joues. Elles ne pendent pas sur les côtés de la tête. Le pli des oreilles est au-dessus du niveau du crâne. Le pavillon est d'une épaisseur moyenne.

COU :

Net, musclé, exempt de fanon, de bonne longueur. Il s'élargit graduellement vers l'épaule.

CORPS :

Dos : Court, horizontal, solide, sans laxité.

Rein : Puissant, à peine arqué.

Poitrine : Bien descendue, pas large.

Côtes : Les côtes antérieures sont modérément cintrées. Les côtes postérieures sont longues.

QUEUE :

Auparavant la coutume était d'écourter la queue.

Queue coupée : Attachée plutôt haut et portée gaiement mais pas sur le dos, ni enroulée. Elle est suffisamment forte.

Queue non coupée : Attachée plutôt haut et portée gaiement mais pas sur le dos. Aussi droite que possible. De longueur moyenne pour participer à l'équilibre des formes.

MEMBRES ANTERIEURS :

Epaule : Longue et oblique, bien inclinée vers l'arrière ; la pointe de l'épaule est finement dessinée.

Le garrot est nettement dégagé.

Avant-bras : Vus sous n'importe quel angle, ils sont droits.

Le métacarpe (poignet) n'est pas, ou très peu, visible.

L'ossature est forte de toute part.

Pieds antérieurs : Petits, ronds et compacts. Les coussinets sont durs et résistants ; les doigts sont modérément cambrés. Les pieds ne sont ni en dedans ni en dehors.

MEMBRES POSTERIEURS :

Vue d'ensemble : Fort, musclé, sans croupe avalée ni fléchissement excessif du membre postérieur.

Cuisse : Longue et puissante.

Grasset (genou) : Bien angulé.

Jarret : La pointe des jarrets est bien descendue.

Pieds postérieurs : Petits, ronds et compacts. Coussinets durs et résistants. Les doigts sont modérément cambrés et les pieds ne sont ni en dedans ni en dehors.

Les membres antérieurs et postérieurs se portent droit devant et sont parallèles. Les coudes jouent librement dans l'axe du corps, sans être gênés par les côtes. Les grassets ne sont ni en dedans ni en dehors. Une bonne impulsion est donnée par la bonne flexion des membres postérieurs.

ROBE

Qualité du poil :

Droit, plat, lisse, dur, dense et abondant. Le ventre et le dessous des cuisses ne sont pas dégarnis.

Couleur du poil :

Le blanc doit dominer ; tout blanc, blanc avec des marques fauves (tan), noires ou noir et fauve (noir et feu). Les marques bringées, rouges ou marron (foie) sont inacceptables.

DEFAUTS :

Tout écart par rapport à ce qui précède doit être considéré comme un défaut qui sera pénalisé en fonction de sa gravité et de ses conséquences sur la santé et le bien-être du chien et sur sa capacité à accomplir son travail traditionnel.

DEFAUTS ENTRAINANT L'EXCLUSION :

• Chien agressif ou peureux.

• Tout chien présentant de façon évidente des anomalies d'ordre physique ou comportemental.

- Les mâles doivent avoir deux testicules d'aspect normal complètement descendus dans le scrotum.

- Seuls les chiens sains et capables d'accomplir les fonctions pour lesquelles ils ont été sélectionnés, et dont la morphologie est typique de la race, peuvent être utilisés pour la reproduction.